LEBENSWEISHEITEN DER

Freundschaft

GESCHENK-POSTKARTENBUCH

SKV-EDITION

Ein wahrer Freund trägt mehr
zu unserem Glück bei als
tausend Feinde zu unserem Unglück.

Marie von Ebner-Eschenbach

SKV-Edition, 7630 Lahr · Aus Nr. 93 803 · Foto: P. Santor

*Was muntert reiner und lebhafter auf,
als freundschaftliche Teilnahme.*

Johann Wolfgang v. Goethe

SKV-Edition, 7630 Lahr · Aus Nr. 93 803 · Foto: M. Ruckszio

Gut ist es, an andern sich zu halten.
Denn keiner trägt das Leben allein.

Friedrich Hölderlin

SKV-Edition, 7630 Lahr · Aus Nr. 93 803 · Foto: K. Albiez

Wo Freundschaft ist,
ist Gemeinschaft des Zieles,
des Strebens, der Tat.

Peter M. Boppel

SKV-Edition, 7630 Lahr · Aus Nr. 93 803 · Foto: H. Herfort

Über alles Glück geht doch der
Freund, der's fühlend erschafft,
der's teilend mehrt.

Friedrich v. Schiller

SKV-Edition, 7630 Lahr · Aus Nr. 93 803 · Foto: R. Schäfer

*Die Stimme der Freundschaft in der Not
zu vernehmen, ist das Göttlichste, was dem
Menschenherzen widerfahren kann.*

Charlotte v. Schiller

SKV-Edition, 7630 Lahr · Aus Nr. 93 803 · Foto: R. Siegel

Ohne Aufopferung läßt sich keine Freundschaft denken.

Johann Wolfgang v. Goethe

SKV-Edition, 7630 Lahr · Aus Nr. 93803 · Foto: © UM

Dasselbe wollen und dasselbe nicht wollen, das erst ist feste Freundschaft.

Cicero

SKV-Edition, 7630 Lahr · Aus Nr. 93 803 · Foto: P. Santor

Wir sind sterblich, wo wir lieblos sind, unsterblich, wo wir lieben.

Karl Jaspers

SKV-Edition, 7630 Lahr · Aus Nr. 93 803 · Foto: © UM

In dieser wandelbaren Welt
ist es etwas Großes, unwandelbare
Freunde zu haben.

J. H. Newman

SKV-Edition, 7630 Lahr · Aus Nr. 93 803 · Foto: L. Bertrand

Ich suchte dich
und habe mich gefunden.

Franz Grillparzer

SKV-Edition, 7630 Lahr · Aus Nr. 93 803 · Foto: Reinhard/Kinkelin

Ich glaube fest an jede Freundschaft, die auf Charakteren beruht; denn man bleibt einander immer notwendig.

Friedrich Schiller

SKV-Edition, 7630 Lahr · Aus Nr. 93 803 · Foto: E. Van Hoorick

Ich aber weiß, was wenige Menschen glauben, daß wahre Freundschaft zarter ist als Liebe.

Platen

SKV-Edition, 7630 Lahr · Aus Nr. 93 803 · Foto: H. Herfort

Freundschaft ist eine Seele
in zwei Körpern.

Aristoteles

SKV-Edition, 7630 Lahr · Aus Nr. 93 803 · Foto: E. Van Hoorick

Die Versöhnlichkeit ist's,
was die Liebe bewahret und alle
ihre zarten Blüten.

Jeremias Gotthelf

SKV-Edition, 7630 Lahr · Aus Nr. 93 803 · Foto: K. Gomille

ISBN 3-87729-903-2
9 783877 299036

skv edition

4. Auflage 1995
Umschlagfoto: W. Schneider
Bestell-Nr. 93 803